草笛光子の
クローゼット

MITSUKO'S
CLOSET

PROLOGUE

まずはじめに、これだけはお話しておきたいのは、
「私はおしゃれではありません」ということです。
ですので、ファッションの本を出しませんか、
というお話をいただいたときは驚きました。
高価なブランドの洋服も宝石も持っているわけではないですし、
普通の何でもないものを着ている私のおしゃれの「何を見せるの？」と。
でも、この本を出すことをしばらく悩んでいた私に、
友人がこう言ったのです。
「これは、クローゼットの中の昔の服を
今の草笛さんが着て演じる、自分の歴史を着るという女優の仕事。
一度きりの舞台をやるのと同じなんじゃないか」
私の歴史を着る――それなら面白いかもしれないと思いました。
70年近い女優生活で、
役作りにいつか役立つかもしれないという思いから、
捨てずに置いてある何十年も前の洋服やアクセサリー。
それをクローゼットから引っぱり出して、
84歳の今の私が着こなしを楽しもうという気持ちで、撮影に臨みました。
一度きりのファッションショーを楽しんでいただけたら幸いです。

Travel Salad／in New York

訪れたのはクリスマス
シーズン。街は美しく
デコレーションされていた。

『旅サラダ』in NY new york

日本のミュージカル女優の
草分け的存在の草笛さんが、
原点のNYで思い出の地を巡る旅が2017年1月に
『朝だ！生です旅サラダ』（朝日放送）で
放送され、そのおしゃれなスタイルと美しさが
SNSで大反響に。本書のきっかけでもある
旅の様子をスナップでアンコール。

Travel Salad ╲ in New York

NYでファッション
ポートレートの撮影にも挑戦！
眉を消してモードなメイクに。

内側がダウンの黒いコートは
ラルフローレンのブルーの
ミニバッグをアクセントにカジュアルに。

ミュージカルや舞台に関する
さまざまなグッズやCDなどが
揃っている店
「シアター・サークル」で
ショッピングも。

ハイアットセントリック
タイムズスクエアの
屋上にある「Bar54」で、
タイムズスクエアの夜景を眺めながら
大好きなシャンパンを楽しんだ。

滞在した行きつけの老舗ホテル
アルゴンキンホテル タイムズスクエアにて
ロビーに住んでいる名物キャットと。

アルゴンキンホテルの
エレガントな室内。
鮮やかなイエローのニットは
草笛さんのお気に入り。

何度も訪れては
たくさんの舞台を見た
ブロードウェイ。
タイムズスクエアを見渡して。

ミュージカル『シカゴ』を観劇。
アンバサダー劇場のバックステージも見学した。
大胆なプリントのストールがスタイリッシュ。

ロングコートにワイドパンツ。
グレーのハットとファーストールが
絶妙なバランス。

トランプタワーにイエローキャブ。ニューヨーカーのように自然と街並みに溶け込んでしまう。

タイムズスクエアで出会ったパフォーマーと観光客気分で記念写真を。

□ CHAPTER 5

私のスタイル

Fashion Essey ―― 81

おしゃれじゃないから光子ちゃんを隠せ! ―― 82
クローゼットは役作りの宝庫 ―― 84
越路吹雪さんとの思い出のコート ―― 86
髪を染めるのをやめたら自由になった ―― 90
舞台衣装とメイクの隠し味 ―― 92
紫ではなく、江戸紫 ―― 94
靴は横顔で選ぶ ―― 95
船の旅で出会ったおしゃれなおばあちゃん ―― 96
〝この手がある〟の発見が楽しい ―― 99
女は隠すほうが色気が出る ―― 100
年相応じゃない服を着るべき ―― 101
私の椅子はバランスボール ―― 102
ジュディ・デンチの秀逸フォーマル ―― 103
母が好んだ派手なパジャマ ―― 104
「光子ちゃん、おしゃれは寒いのよ」 ―― 105
シワがあってこそ素敵でいい女 ―― 108

EPILOGUE ―― 110

※本書の衣装はすべて個人の私物になります。一部ブランド名をご紹介していますが、
メーカー等にお問い合わせされても現在お取り扱いがない場合もございます。予めご了承ください。

CONTENTS

PROLOGUE — 4

『旅サラダinNY』 — 6

□ CHAPTER 1
私の好きな服
My Favorite Fashion — 12

□ CHAPTER 2
私のクローゼット
My Closet Collection — 38

□ CHAPTER 3
着こなしのスパイスは小物
My Coordinate Spice — 56

□ CHAPTER 4
グレーヘアにする理由
Gray Hair is my Policy — 74

ウィッグやつけ毛をプラスしてヘアアレンジを楽しみます — 80

MITSUKO'S
CLOSET

CHAPTER

1

私の好きな服

“ My Favorite Fashion ”

「自分から着る服の枠を作らない。
ちょっとハズした遊び心とユーモア精神で
何十年前の服やアクセサリーも
今の自分が着て楽しんじゃう 」

かつてステージで着用したニナ・リッチのペイズリー柄シルクドレスを
上下でカットしてラップスカートとストールにリメイク。
ゴールドの小物で華やかに着こなして。ベージュのトップスはエスカーダ。
リボン型ビジューがアクセントのゴールドメッシュバックストラップパンプスはシャネル。
ゴールドのクラッチはハナエ・モリ。

OTEL NEW G
祝 横浜開港158周年

黒のトレンチコートにクラシカルな帽子、
アクセサリーはパールのみで上品に仕上げる。
30年代のクリスチャン・ディオールを思わせる
エレガントなスタイリング。トウとヒールの
赤紫がアクセントの黒スエードパンプスはRAYNE。

ターコイズネックレス＆
インディアンジュエリーを
黒のオールインワンに合わせた
モードな大人の着こなし。
サングラスでやんちゃな遊び心を
プラスして。オールインワンは
MORGANE LE FAY New York、
黒レザー×シルバーのバングルは
ミュウミュウ、黒のパンプスは
ジョルジオ・アルマーニ。

バーバリーのトレンチコートは、
トラディショナルに着るのではなく、
あえてレオパード柄のワンピースを合わせる。
アクセサリーをじゃらじゃらつけて
思いきり遊んでしまう、
大人ならではのコーディネートを楽しんで。
蜂のブローチはNYで購入。
ワンピ―スはAKRIS、
ベージュのレザーメッシュパンプスはエスカーダ。

ライトグレーのオフネックのニットはユニクロ。
普段着としてだけでなく、友人と食事などに
行くときのお出かけ着としても
ユニクロの服を愛用しているという草笛さん。
手持ちのアイテムとコーディネートして
ひと工夫するのが草笛流。このニットは
デコルテを美しく見せるデザインがお気に入り。

白やストライプのパリッとした
爽やかなシャツは、グレーヘアとのバランスがよい。
この抜け感がシンプルな
女性らしさを演出してくれる。

友人の越路吹雪さんが亡くなる少し前に
草笛さんのために選んだロエベの
レザーコート。モスグリーンとの
相性抜群のグレーのハットを
コーディネート。花のモチーフが
アクセントのハットはイギリス在住の
日本人デザイナーmisaharada のもの。

イギリスの名女優、
ジュディ・デンチが2011年に
高松宮殿下記念世界文化賞を受賞して
来日したときのパーティで着た
トップスとスカート。
動くと揺れる長いフリンジが
エレガントな花柄トップスは
NYのバーグドルフ・グッドマンで購入。
鮮やかなピンクの
ロングスカートはシビラ。顔まわりの
アクセサリーはトップスとシンクロする
揺れる羽根のイヤリングのみで
すっきりと洗練された印象に。

かつてディナーショーで身にまとった、
ラインストーンとファーが華やかな白いマント。
このマントの下にブルーや赤のドレスを着て、
ショーの途中でパッと脱ぐ演出のために
オーダーしたのだそう。

NYの生地店で探してきた布地で作ったオーダーメイドのドレス。
シルバー、ピンク、ブルーのスパンコールの渦巻き柄が当時気に入って購入。
ベージュのミンクロングコートはテーラードカラーの着こなしやすいデザイン。
今はめったに毛皮を着ないという草笛さんのクローゼットの中に眠っていたお宝アイテム。

若い頃から大好きだという
水玉模様の白いフリルがキュートな
ワンピース。黒の浅いカンカン帽と
セットで購入したのだそう。
モノトーンベースの服のアクセントには
若々しい赤のパンプスとピンクの
グローブをコーディネート。
リップも赤にして。
ビジュー付きヒールの
サテンパンプスはエスカーダ。

草笛さんが好きな色、ブルーパープルのオーダーメイドドレス。ラインストーンのビジューをドレスに縫いつけたステージ用ならではのオリジナルデザイン。
クラシックな雰囲気のドレスをよみがえらせるのはロング丈のフォックスストール。
この丈の長さが洗練されたバランスを生み出す。
パンプスもドレスと同じ布で作ったオーダーメイド。
かつてドレスを作るときはほとんど同じ布で靴もオーダーしていたそうだ。

MITSUKO'S
CLOSET

CHAPTER

2

私のクローゼット

“ My Closet Collection ”

「役のために何十年も前のものを

コーディネートで使うことがあるので、

私のクローゼットには

昔のものがたくさんあります。

そこから見つけるのが楽しい 」

Key Item **1**

My Closet Collection

コート

コートはベーシックなデザイン、
上質な素材、定番の柄など、
長く着られそうな要素が
ひとつはあるものを
選んでいるような気がします。

越路吹雪さんが選んだロエベの
レザーコート。ニットの裏地など
約40年前のデザインとは思えない
洗練された一着。
モスグリーンのコートを主役に
する色合わせは、プラス白とグレー。
グレースパンコールのロングストールと
パールで今感を加えたら
上品なリアルクローズの完成。
グレーのシルクサテンパンプスは
ヘルムートラング。

「トレンチは似合わないと思っていて、
もう何年も着ていなかった」という
バーバリーのコート。
「84歳がこんなにアクセサリーを
くっつけて大丈夫かしら」と思ったそうだが、
完成したコーディネートを見て
「意外といいわ」と、新しい自分を発見。

Petit price!

Key Item 1
My Closet Collection

コート

プリーツのマントコートは一見個性的だが、
定番のチェック柄であることでトラディショナルな印象になる。
トレンドのワイドパンツを合わせてマニッシュにコーディネート。
コートはニナ・リッチ、ハイネックトップスはユニクロ。
ベージュワイドパンツはエスカーダ、キリン柄のハットはmisaharada。
ブラウンロングブーツはバーニーズ・ニューヨーク。

Key Item 2

My Closet Collection

シャツ

白いシャツは私の定番です。
ユニクロのシンプルなものから
ちょっとデザインが
凝っているものまで
いろいろなタイプを着ています。

白×ブルーストライプのスキッパーシャツ。大きめサイズを選んでゆったりブラウジングして着るのがトレンドスタイル。胸元がV開きのスキッパーは顔まわりをシャープに見せる効果も期待できる。シャツはユニクロ、シルエットが美しいライトグレーのロングスカートはジョルジオ・アルマーニ、パンプスはヘルムートラング。

「いちばん似合うものといったら白シャツ」というほど、
日頃から愛用している草笛さん。こちらは白シャツコレクションのなかでも
デザイン性の高い一品。レースとデニムのコンビネーションが大胆なパンツで
冒険のコーディネートもしてみたい。シャツはVentriloquist、パンツはYaross
jeans、メタリックグリーンのバックストラップパンプスはVERO CUOIO。

Key Item **3**

My Closet Collection

パンツ

普段は家でも外出するときも
ほとんどパンツスタイルです。
ややワイドで脚が美しく見える
デザインが好きです。

レーシーな透け感が
ドレッシーなニットのワイドパンツを
草笛さん好みの
スポーティテイストでコーディネート。
パンツはALAIA、ブルータートル
ネックニットとボルドーのハット&
スクールマフラーはユニクロ、
ブルーのミニバッグはラルフローレン。
黒スエードパンプスは
ジョルジオ・アルマーニ。

NYの生地店で購入した布地で、
知人にオーダーメイドした
ワイドパンツ。白地にネイビーの
大胆な花柄と一見スカートにも見える
デザインがユニーク。トップスは
ライトグレーのニットで柔らかい
印象にしてバランスよく。
オフネックニットはユニクロ。

Key Item **4**

My Closet Collection

ジャケット

ジャケットは年々着なくなってきましたが、
定番の形よりも自分らしさが
出せるようなデザインのものを着たいです。

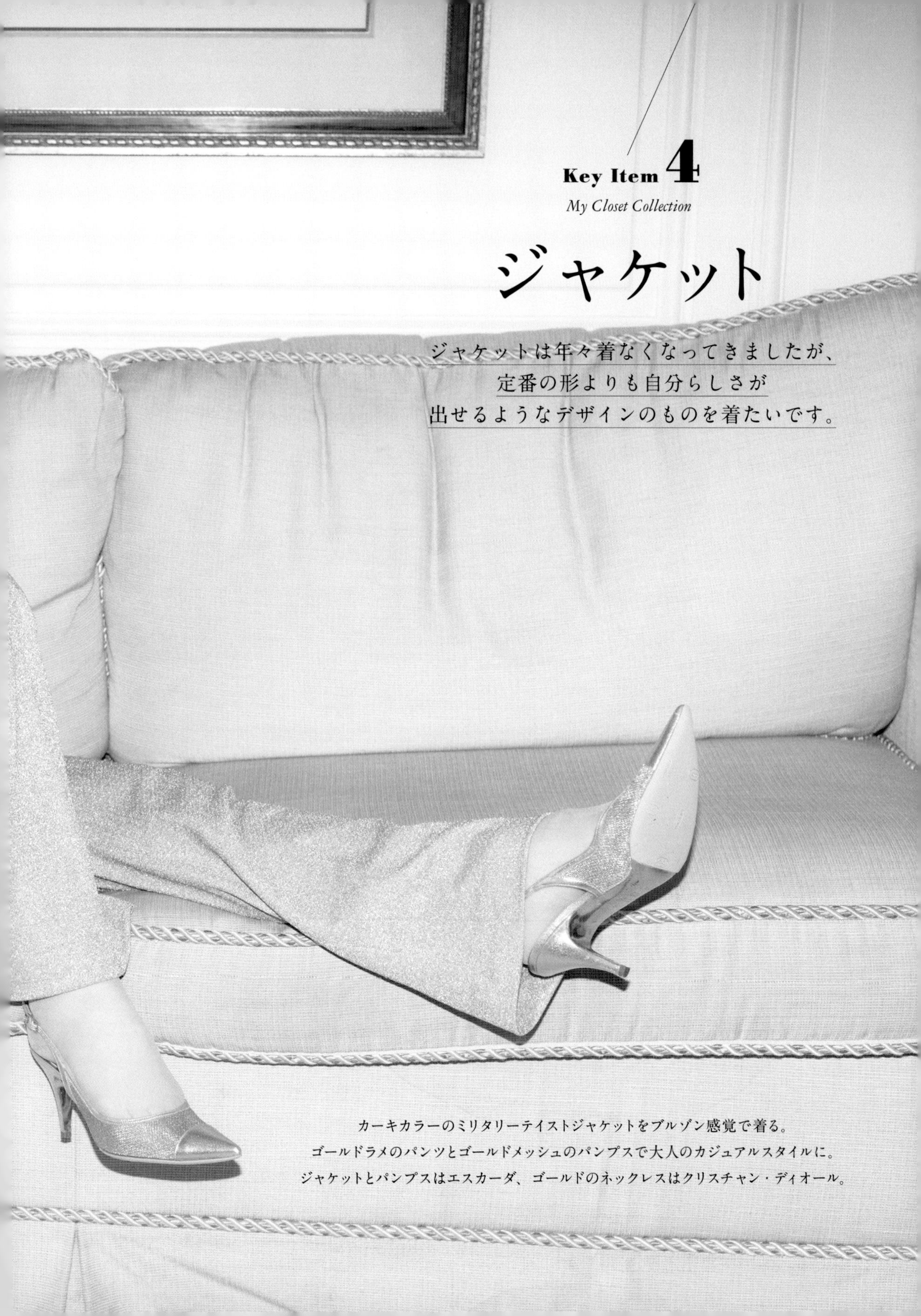

カーキカラーのミリタリーテイストジャケットをブルゾン感覚で着る。
ゴールドラメのパンツとゴールドメッシュのパンプスで大人のカジュアルスタイルに。
ジャケットとパンプスはエスカーダ、ゴールドのネックレスはクリスチャン・ディオール。

最近はあまりジャケットを着なくなってしまったという
草笛さんのクローゼットから、ドレスジャケットを発見。
かつては、パーティのとき男性のタキシードのような
感覚でパンツとコーディネートして颯爽と着ていたそう。
オレンジのタキシードカラージャケットはエスカーダ、
赤のテーラードジャケットはST.JOHN。

立ち上がるデザインのフリルカラーがお気に入りで
プライベートで一時期よく着ていたというベルベットの
ジャケットとスカートのセットアップ。私服を仕事でも
使用することが多い草笛さんだが、
こちらも2015年新春に放送された三谷幸喜脚本ドラマ
『オリエント急行殺人事件』の轟侯爵夫人役で着用した。

ジャケット

ユニクロの薄手ダウンジャケットを
大人の女性が着るなら、
フェミニンカジュアルを提案。スポーティな
ダウンジャケットに動きの出る柔らか素材の
パンツとロングジレを合わせることで
エレガントさを加えて。
ロングジレはEUROPEANCULTURE、
同じものをオーダーして作ったほど
お気に入りのチュール付きワイドパンツは
銀座マギー、ハイカットスニーカーはALDO。

Key Item 5
My Closet Collection

オールインワンの着まわし

ドラマ『ありがとう』の衣装として
デザイナーの稲葉賀恵さんが
用意してくれて、初めて
オールインワンを着ました。
若者だけのものじゃないのよ。

1970年にTBSで放送された、大ヒットドラマ『ありがとう』の衣装として、初めてツナギ（オールインワン）を着たという草笛さん。デザイナーの稲葉賀恵さんから教わった着こなしは、ウエストまわりをブラウジングして太いベルトをし、ヒールの高い靴を履くこと。大人が着ても、意外にワンピースよりも格好がつきやすいアイテムでもある。1着あればカジュアルにもちょっとしたフォーマルにも着まわしがきくので、旅にちょうどいい。オールインワンはMORGANE LE FAY New York、黒レザー×シルバーのバングルはミュウミュウ。

Change!

アクセサリーをパールにチェンジして
ヘッドドレスをかぶれば、
フェミニンなセミフォーマルコーディネートに。
ヘッドドレスはmisaharada。

ベージュのオールインワンの
上半身を脱いで、ボートネックの
ボーダーTシャツをイン。男の子が
ツナギを着るように袖を腰に巻いた
カジュアルコーディネート。
小物もキャップや派手なサングラス、
ユニークなバッグなどを合わせて
思いっきり遊んでしまう。
Tシャツはユニクロ、
猫のクラッチバッグは
カール・ラガーフェルド。

Key Item 5 *My Closet Collection*

オールインワンの着まわし

ベージュのオールインワンに、
オフホワイトのハット、
エスニックテイストの
アクセサリーを合わせた
パリマダムのような
エレガンスサファリ・コーディネート。
象チャームのゴールドネックレスは
NYで購入。ハットはモン・シャポー・
トーキョー、サングラスはPLAYBOY、
ベージュのスエードパンプスは
BY MALENE BIRGER。

MITSUKO'S
CLOSET

CHAPTER

3

着こなしのスパイスは小物

“ My Coordinate Spice ”

「スカーフ１枚、ブローチ１つで
何でもないシャツやニットを
おしゃれに変えるコーディネートを
考えるのは楽しいものです。
うまくハマるとすごく嬉しい 」

「よく、左の足首にアンクレットをつけていると思われるのですが、
これは絹糸です」2009年にお母様が亡くなってすぐに、
お守りとして赤い糸を結び、それ以来8年間切れていない。
「この糸が切れないうちは、母と私はつながっているんです」
バーガンディーカラーのサテンパンプスはエスカーダ。

ヒールのビジューがおしゃれな
エスカーダの赤サテンパンプス。

BY MALENE BIRGERの
ベージュスエードパンプス。

SHOES

靴が大好き!

昔から靴が大好きなんです。靴を選ぶときは
必ず横顔を見て美しいかどうか確認します。靴だけはいいものを履きたい。

ヘルムートラングの
ライトグレーサテンパンプス。

ブルーパープルのドレスと共布の
オーダーメイドパンプス。

SHOES

ALDOのメッシュの
厚底ハイカットスニーカー。

エスカーダの
ベージュレザー
メッシュパンプス。

シャネルの
ゴールドメッシュパンプス。

靴が大好きな草笛さんは、美しい靴に出会うと買わずにはいられないそう。
今も愛する靴に囲まれている。下から2段目左端のハイヒールは、
パリで買ってきてもらったRAYNEのお気に入りの一足。

BAG

アクセサリー感覚のバッグ

普段は台本の入る実用的なトートバッグを使いますが、
アクセサリー感覚で持つバッグはユニークなデザインを選んでしまう。

『旅サラダ』の
NYのロケ先で購入した
カール・ラガーフェルドの
超絶キュートな猫クラッチ。

色もデザインも大きさも完璧な
ラルフローレンのミニバッグ。

面白いデザインを見つけるとつい買ってしまう
パーティバッグ。左から、
マガジン型、三角っぽい形が
かわいいシルクサテンの
ミニバッグ、エスカーダの
ペタンコなサテンバッグ。

HAT

気づいたら集まっていた帽子

トラディショナルな
コーディネートに
キリン柄のハットでちょっとハズす。
misaharada のものは、
好きでたくさん持っている。

公私ともに帽子をかぶることが多いせいか、
気づいたらさまざまな種類の帽子をコレクションしていました。
帽子はちょっと遊べる感じがいい。

左から、かぶると立体感が出てかなり華やかな
印象になる黒のつば広帽はSEEBERGER EST.1890、
ネイビーに黒のペインティングを
あしらったハットはmisaharada、
黒い帽子の色違い赤はさらに華やかさが増す。

グレーヘアだからより美しく映える
ボルドーカラーのハット。
ハット、ニット、マフラー、
すべてユニクロ。

SUNGLASSES

サングラスの効かせ方

自分の顔に合ったお気に入りのサングラスをいくつか持っていると便利です。
サングラスひとつでコーディネートが締まったりする。

モノトーンカラーの
太いフレームと楕円形が
レトロ感のあるデザインで
スタイリッシュ。レオパード柄の
ワンピースともベストなマッチング。
サングラスは
クリスチャン・ディオール。

長年愛用しているサングラス。上から、ブルー系にゴールドラインが入った華奢なフレームはLEONARD PARIS、レトロな太フレームはジバンシィ、あめ色のフレームはPLAYBOY。

STOLE

ストール1枚プラスするだけで

いただいたりすることもあってストールやスカーフはかなりたくさん持っています。
私の着こなしには欠かせない小道具。

さまざまなプリントや素材、キレイな色のものなど、大判のストールをたくさん持っていると、
簡単に手持ちのアイテムのイメージをチェンジすることができる。

モスグリーンの
レザーコートを、シックだが
地味にしない
グレースパンコールの
ロングストール。
コートの前立てに
沿わせるようにあしらう。
パイソンの大きめクラッチで
派手さをプラスして。

ACCESSORY

ジャンクなインパクトアクセサリー

個性的で面白いデザインのアクセサリーを見つけると、つい手にとってしまいます。
仕事でも使えるかしらとも思ってしまうんです。

ターコイズカラーの
アクセサリーをカジュアルで
はなくモードにする色合わせは、
サンローランが考えた
ターコイズ×黒×パープルの法則。
そこに少しゴールドをプラスして。

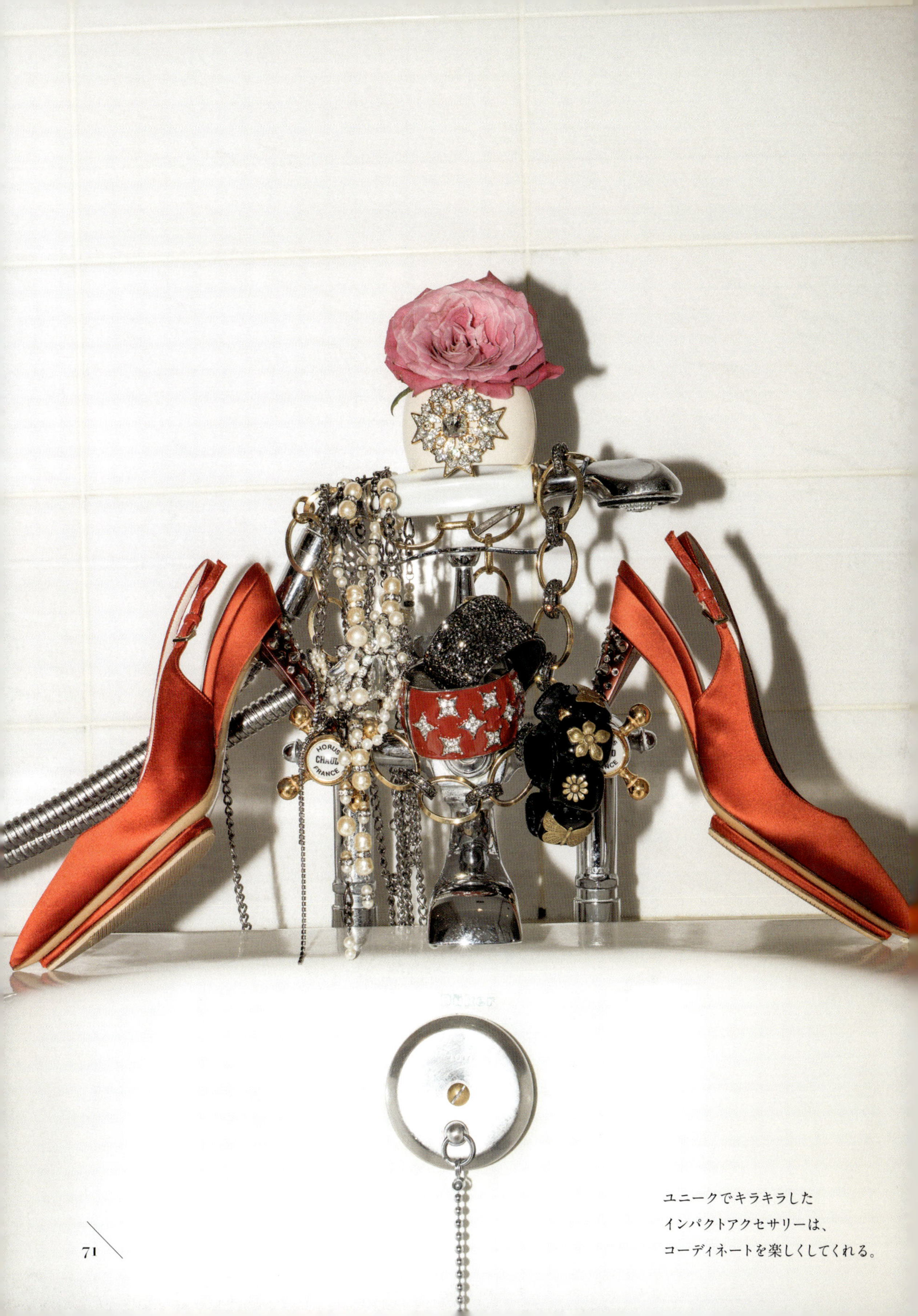

ユニークでキラキラした
インパクトアクセサリーは、
コーディネートを楽しくしてくれる。

ACCESSORY

アクセサリーの色味をそろえることで、
インパクトあるデザインを複数つけても
上品にまとめられる。

顔まわりを華やかにするイヤリングは
思いきって大胆なデザインにも挑戦したい。

相性のいいゴールドとブラウン系のインパクトアクセサリーの重ねづけのお手本。
NYで購入した象モチーフのネックレスが遊び心を発揮している。

歳を重ねた手元には
インパクトのあるリングや
ブレスレット、 バングルが似合う。
ネイルもパキッと美しく、
常に手元も華やかに。

MITSUKO'S
CLOSET

CHAPTER

4

グレーヘアにする理由

“ Gray Hair is my Policy ”

「20代の頃から白髪の女性に憧れていました。
髪を染めるのをやめたのは69歳のとき。
そうしたら服もメイクも変わってきて
自然とキレイな色の服を選ぶようになった 」

Gray Hair is my Policy

私は20代の頃から白髪の女性に憧れていて、いつか自分もそうしたいとずっと思っていました。
髪を染めるのをやめて白髪のままにするようになったきっかけは、2002年に舞台『ウィット』でがん患者の女性を演じることになり剃髪したことでした。69歳から髪を染めるのをやめて白髪のまま生きることにしたら心が自由になりました。〝このまんまの光子〟でいいのだと。

白髪になってから似合う服も口紅の色も変わってきて、自然とキレイな色を選ぶようになりました。
それまでは黒やベージュが好きだったのに、着たいと思ったこともない黄色やオレンジが
着てみたくなったり。普段着でもちゃんと口紅をつけるようになったり。
ありのままの自分でいられることで、ファッションに関しても広がった感じはあるかもしれません。

ウィッグやつけ毛をプラスして ヘアアレンジを楽しみます

服に合わせて、自髪にウィッグやつけ毛をプラスすると
簡単にいろいろなヘアスタイルが楽しめておすすめです。

Style 1

使用したウィッグ

Wig

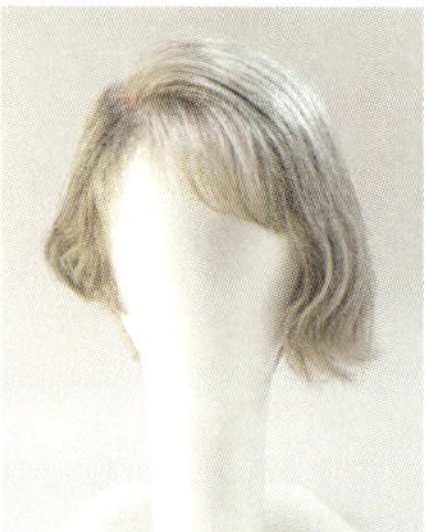

自髪をウィッグにおさめた、
かぶるタイプ。長い髪の人が
気軽にショートを楽しむことが
できる。普段の髪型とは
全く違うスタイルになるのが魅力。

Style 2

使用したつけ毛

つけ毛

前髪タイプ

トップはもちろん、
サイドでも使える。
カールスタイルなので、
華やかな印象に。パーティ
などのときに使うと効果的。

Style 3

使用したつけ毛

つけ毛

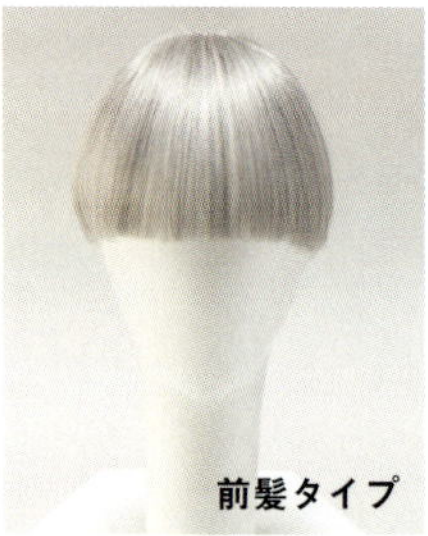

前髪タイプ

ワンレングススタイルのつけ毛。
前髪がない人が簡単に
おかっぱ風を楽しみたいときに、
おすすめ。個性的に
チェンジできる。

Style 4

使用したつけ毛

つけ毛

ネープタイプ

襟足に、自髪と自髪の間に
はさみ込んで使うタイプ。
裾にボリュームが出て
ふんわりとなるのが特徴。

取材協力／アデランス

CHAPTER

5

私のスタイル

" Fashion Essey "

おしゃれじゃないから光子ちゃんを隠せ！

仕事柄、近所への用事で出かけるときでも、服装にはこっそり気を配ります。最低限の色合わせはします。しかし、若い頃はそうではありませんでした。

私が20歳を過ぎた頃。

当時私についてくれていた付き人さんとヘアメイクさんと一緒に街を歩くと、二人が私の前に立って、人の目から隠そうとするのです。

理由は、私がおしゃれではなくて恥ずかしいから。私服の草笛光子を他人に見せたくないというわけです。

当時の私は、女優でありながら、おしゃれにまったく関心がなかったのです。よくトレーニングウェアの上下で出かけていました。おしゃれをするよりも、体を鍛えていましたし、女優として芸事に夢中で励んでいました。そんなですから「光子ちゃんを隠そう」なんて言われたのです。

〝ああ、私はそんなにひどいんだ。少しはきれいにしていないと、まわりのスタッフや一緒にいる人たちが恥ずかしいんだ〟とやっと気づく始末。でも今思い返しても、私はそのときの自分が嫌いではありませんでした。

私は何十万円もする高価なブランドの服も宝石も持っていません。何気ない服を着ていてもおしゃれに見えるのが、いちばん素敵な女なんじゃないかと思うのです。

高級なブランドの服は、1回着たらおしまい。

立場上、皆さまの前で二度と着る機会はなくなってしまいますから。それよりも、ごくシンプルな服に、プラスチックのアクセサリー類をたくさんつけたりと、ないなかで工夫するほうがずっと楽しいです。

おしゃれよりも
芝居やダンスに
夢中だった20代の頃。

クローゼットは役作りの宝庫

私は、自分が特別おしゃれだとは思いません。ただ、演じる役の装いを考えたり、作り込んでいくのは好きなのです。

三谷幸喜さん脚本のドラマ『オリエント急行殺人事件』(2015年新春放送)で演じた轟侯爵夫人の衣装も、ほとんど私物を使いました。スタイリストと二人で腕まくりをして、夜中に自宅のクローゼットから取り出したのは、黒のジャケットとスカート、合わせると高貴に見えそうなチョーカー類。侯爵夫人とは、いったいどんなものを着ているのか。頭の中で想像しながら、少しずつイメージを形にしていくのは、楽しい作業でした。

イングリッド・バーグマンなどのハリウッドスターが多数出演した映画を見て、ヘアメイクも研究しました。同じような白塗りにして口紅も少し曲げたり、不細工な女を作ろうとしていたのです。そんなときに、三谷さんからメールが届きました――「美しく出てください」と。

あわててイメージを変えました。メイクは赤い口紅に黒い練りを混ぜて玉虫色にして、美しさを追求したのです。

こんなふうに、頭の先から爪の先まで、外側から役を作り出すのは私にとってとても大切なことです。

「演じる女の色は何色だろうか」と考えることもよくあります。「この役は、墨絵でいくわ」ということもあるし、「原色でいこう」「寒色でいこう」など。その色の洋服を着るわけではなく、その人間を色でイメージすると何色だろうと。それで、役の性格やキャラクターを創造するのです。

私のクローゼットを開けると、何十年も前に買ったイヤリングや洋服がたくさん出てきます。この帽子はいつか使えるから買っておこう、とっておこう、と増えていくいっぽうです。

もう70年近く女優をしているので、私にとって洋服を着ることは、プライベートより役作りが主。ですから新しい台本をいただくと、舌なめずりします。

「次はどういう衣装を着ようか」と。

ドラマ『オリエント急行殺人事件』で使用したジャケットとスカート。

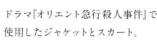

越路吹雪さんとの思い出のコート

越路吹雪さんは、おしゃれな方でした。

私よりも9歳年上の大先輩ですが、舞台でご一緒したのをきっかけに、なにか気の合うところがあり、プライベートでも親しくしていただいていました。

確か、彼女が亡くなる1週間くらい前のことだったと思います。買い物に出かけた先で、偶然お会いして。入院中の病院から買い物にいらしていたようでしたが、「せっかく会ったのだから一緒に行きましょう」と、二人でおしゃれなお店を何軒か見てまわりました。

おそらく久しぶりのお買い物が嬉しかったのでしょう。微熱があって体調が悪そうだった越路さんがだんだん元気を取り戻していくのがわかりました。帰る頃には顔色がよくなって、「あれを着てみなさい、これを買いなさい」と、私に命令しはじめたのです。

あの日は、越路さんのためにできることをしたい、尽くしたい、という思いで一緒の時間を過ごしました。
そのときに「今、買っておいたら、あとでよかったって思うから」と私に選んでくれたのが、本書でも紹介しているロエベの革のコートです。値段を見たら高いですし、私は「こんな高価なのいらないわ」と言ったのですが、越路さんから「絶対に似合うから。私のおしゃれを信じなさい！」と、強くすすめられて。結局、買うことになりました。コートと、バッグと、二人お揃いで色違いのブラウスまで。
ブラウスを試着するのに、二人で一緒に試着室に入り、目の前の鏡を見ました。ふいに、越路さんの胃のあたりに手術痕が見えて。ドキリとしました。しかし、私は素知らぬ顔をして、並んでお揃いのブラウスに袖を通したのです。
試着室から出ると、「今まで持ったことのないクレジットカードを（マネージャーの）岩谷時子さんがくれたの。だから、あなたに買ってあげる」と言って、ブレスレットを買ってくれたのです。「これを見たら、私を思い出して」という言葉とともに。
病状が重いことは、私も薄々は気がついていました。もう、どんな顔をしたらいいのか……。涙も流せない、笑顔にもなれない。困った私は、「越路さんのこと、いつだって思ってるわよ」と、精一杯ごまかしました。

それから、「じゃあ、またね」と彼女を送りました。車の後部座席の窓から手を振っているコーちゃんの姿。

それが最後でした。

越路さんは、56歳という若さで亡くなりました。それからずっとこう語りかけています。「私は、あなたを越える年齢を生きるかもしれない。あなたが生きられなかった年を私が生きるから。一緒に舞台に出て、一緒に経験しましょう」と。

今でも、舞台に立つ直前の暗闇のなか、音楽が鳴り始めるとつぶやくのです。「コーちゃん行くわよ」。そして一緒にバーッと舞台に出て行きます。

だから、このコートを忘れられないのです。

しかし、買った当時、あまり着ることはありませんでした。越路さんがそれを着てパリの街を歩いたら素敵に違いない——。〝私はコーちゃんのように着こなせない〟という気持ちがあって、照れ臭かったのです。

久しぶりに手にとってみて、デザインをよく見てみました。グリーンのレザーで少し冷たい印象がありますが、ニットの裏地がチラッと見えたときに温かみがあってとても素敵で。「ここが、コーちゃんのおしゃれなところなんだ」と感じました。
38年たった今、改めて着てみてたら。あの日「どうしても買いなさい！」とコーちゃんが言った意味が初めてわかりました。

亡き越路吹雪さんが、
草笛さんに選んだロエベのレザーコート。

髪を染めるのをやめたら自由になった

若い頃の私は、毛量が多くて漆黒の黒髪でした。「刺さりそうなほど丈夫な髪だね」と、冗談を言われたくらい。まさか自分が将来白い髪になるとは、つゆほども思っていませんでした。

20代からずっと、白い髪には憧れを抱いていました。街を歩いていて、白髪のおばさまを見かけると、〝黒い髪よりもだんぜん素敵だな〟と。白い髪が理知的に見えたのです。

女学校時代からの友人に「あなたは髪が白くなってから、パ〜ッと華やかになった」と言われたことがありました。私は「へぇ〜、そう」ぐらいにしか思いませんでしたが、白髪にしてから確かにいろいろなことが大きく変わりました。

まず、髪を染めることからの自由。「嘘も隠し事もございません」と、素の私で生きていけることに、すごく気持ちがラクになりました。口紅の重要性にも気づきました。白い髪の人が赤い口紅をぽっとつけるのは、とても品がよくいいもの。顔が明らかにキラッとするのです。

選ぶ服の色も変わりました。髪が白くなって頭が軽くなったことで、今まで着なかった紫や黄色といった、派手な色も平気で着られるようになりました。逆に、ずっと自分の色だと思ってよく着ていた黒やベージュは、顔色が沈むので今はあまり選びません。きれいな色を身に着けると気持ちまで晴れやかになります。

舞台『ウィット』でがん患者を演じて剃髪したのがきっかけで、2002年に染めるのをやめました。それ以降、ずっと真っ白だった髪に、最近なぜか黒いものが出てきて、グレーになってきたのです。白と黒が混ざると髪に濃淡がつき、ウェーブをつけたときにスーッと毛筋が出るのが気に入っています。

このごろ、いろいろな方の髪を見ていて、「みなさん、どうして少し白髪が出てくると染めちゃうのかしら」と残念に思うのです。「せっかく白いものが出てきていい具合なのに」と。グレーのグラデーションはとてもいいアクセント。それに、赤い口紅をつけたら、グッと素敵になるはずです。

69歳のときに
髪を染めるのをやめて
白い髪に。

舞台衣装とメイクの隠し味

1983年に出演したミュージカル『シカゴ』の衣装合わせは、演出家のジーン・フットの指示が細かく、ずいぶん長くかかったことを覚えています。遠く離れたところから見ていて、「クリちゃん(草笛さんの愛称)、スカートをもう1cm長く」と指示が飛ぶ。私の脚が長く見えるか短く見えるか、いちばん美しく見える線を彼が見つけるわけです。踊って脚が出たときに、いいラインを見せられるように。ひざのシワが見えないギリギリのところで、どんなに踊っても大丈夫な丈を見つけるまで、相当細かく詰めました。

ヘアスタイルも同様です。「明日から前髪をハート形にして。ライザ・ミネリと同じに」とおっしゃるのです。ブロードウェイで彼女が演じたロキシー・ハートと、同じイメージで私にもやってくれと。もちろん、次の日に髪を切りました。

NYの演出家は、舞台で映えるおしゃれをよくわかっていて、バシッと言ってくれる。役と女優をどうすり合わせたらいいかをずっと観察しているのです。こんなに舞台で衣装のことを追求する演出家は、当時の日本にはいませんでした。

そして、最後にこうおっしゃるのです。「僕はみなさんひとりひとりに全部形をつけました、NYと同じに振り付けもしました。あとは皆さんが演じてください！」。これは、いい言葉をもらったと思いました。

印象的だったのは、まぶたの上に黒い墨で縦にラインを入れるように言われたこと。「ピエロの目ですか？」と聞くと、彼は「ノー。天使の顔」だと。『シカゴ』は、禁酒法時代のシカゴを舞台に描かれる、殺人を犯した二人の女性の物語。ロキシーは、愛人を殺害して刑務所に入るけれど、まったく悪気が無い。それを表すために「天使の顔を作って」と。不思議に思いました。しかし、稽古で試してみたら、ちゃんと天使の顔になるのです。これこそが、舞台の妙味。

「舞台にすっぴんで出てみなさい。人間の皮脂が出てきて、ライトが当たるといいテカリになる。それが客席からはよく見える」。これは、山田五十鈴さんに教わったテクニック。

面白い隠し味があるのです、舞台には。

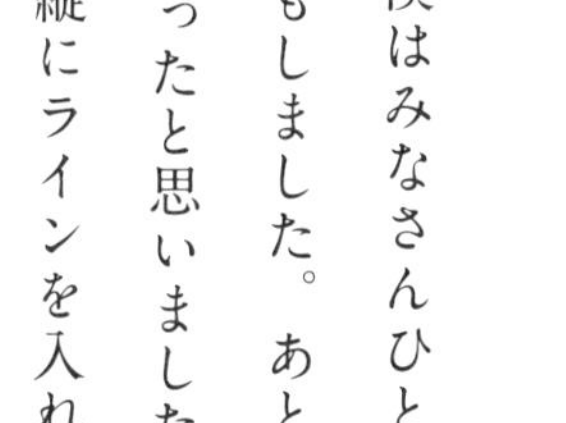

ミュージカル『シカゴ』の
日本初上演（1983年）で、
ロキシー・ハートを演じた。

紫ではなく、江戸紫

数年前、自宅をリフォームしたとき。大量にある洋服をまとめて収納できるようにひと部屋をウォークインクローゼットにしました。そこにアクセサリー、靴やバッグなどの小物もすべて収納しています。服はハンガーラックにかけて、白いもの、黒いもの、そのほかの色で分けて置いてあります。いちばん多いのは白いシャツ類でしょうか。

最近、私が好きな色は、青と紫が混ざっているようなブルーパープル。色にはけっこう詳しいほうだと思います。

20年ほど前に、絹糸の色見本を購入し、勉強しはじめました。色を学ぼうと思ったのは、役で着物を着る機会が多いから。「何色に染めましょうか？」と聞かれたときに、明確に指示したかったのです。

糸見本には日本の伝統色の名前が書いてあり、紫だけでも微妙な濃淡で8色ぐらいあります。

漠然と〝紫〟ではなく〝江戸紫〟と言うと「この女優は色をわかってるな」と職人さんの表情が変わる。女優として色の名前を知っていたほうが、得だと思います。

靴は横顔で選ぶ

昔は着るものよりも靴のほうが好きでした。ですから、靴選びには少し自信があります。選ぶときは、必ず手にとって、横の面と前の面を見ます。特に横の面が大切で、脚がきれいに見えるかどうか、瞬時にわかります。

靴を好きになったきっかけは、戦争中のこと。当時は、新品の靴がありませんし、古い革靴を靴屋さんで縫い直しながら履いたものです。

あるとき、家の隣に住んでいた美しい女性が、パンプスを履いて颯爽と歩く姿を目にしました。通勤途中だったのでしょう。「素敵！　私もいい靴を履きたい」と心が躍りました。

それから、私は素敵な靴を見つけると買わずにはいられなくなりました。最初にイタリアに行ったときには、ローマの靴店で相当買ってしまいました。イタリアにはいい靴屋さんがたくさんあります。一緒にいる人たちに「もうダメ」と言われても、お店の前を通ると足が止まって動けなくなるのが、お決まり。

今は仕事以外で、ハイヒールを履く機会も減りました。普段はスニーカーも履きますし、歩きやすさ重視です。

靴を選ぶときは、
必ず手にとって横顔を見る。

船の旅で出会ったおしゃれなおばあちゃん

本書でも着ていますが、オールインワンは旅先に持っていくと便利なアイテムだそう。実は私も、普段は着脱が面倒ですから、めったに着ることはありません。ですが、一着でフォーマルにも、遊んだコーディネートにも対応できる万能選手。大人の旅にこそふさわしい、と服の専門家からすすめられました。

4年前、友人夫妻と船の旅に行ってきました。アテネから、船でギリシャやドゥブロヴニクなどをまわって、最後はベニスに着くという行程です。イタリア人が船主のシルバー・スピリットという船で、客船としては小さな型でしたが、各部屋に専任のバトラー（執事）がついて、とても快適。もちろん、バトラーがつく生活なんて初めての体験でしたけれど、シャンパンをお願いしたりすると、すぐに持ってきてくれるのです。もう、旅先ならではの贅沢を満喫させてもらいました。

その船で、上品で素敵な外国人のおばあちゃんに出会いました。一年中一人で乗っていらっしゃって、そういう人生もあるのだなと思いました。以前、私が声優を務めたアガサ・クリスティーのドラマの主人公ミス・マープルにそっくりで、憎いほどおしゃれで。一緒に写真まで撮ってもらいました。

そのとき彼女が着ていた、何でもないシンプルな赤いスリップドレスがとても印象的でした。海外の女性はシミやシワだらけでも、なぜ平気で胸元や腕を大胆に出せるのでしょう。その心意気があっぱれです。

翌日は何を着るのかが楽しみで、注目していましたら、今度は真っ白なシルクのふわふわな素材のジャケットとパンツのコーディネート。目が釘づけになりました。

船は、寄港地に着くと乗客専用のバスが待っていて、好きなコースで、観光をし食事を楽しむこともできます。ドレスコードのあるディナーもあって、9日間の凝縮された、まさに大人の旅。また行きたいと思っています。

そして、船旅用にスリップドレスをいつか自分でも作りたいと思っています。木綿の生地が合うかしら。

4年前に初めてエーゲ海&
地中海クルーズの旅へ。

全室スイートの部屋には専任の
バトラー(執事)がついて、
ラグジュアリーな時間を楽しんだ。

〝この手がある〟の発見が楽しい

白いシャツが好きです。初めてヨーロッパを旅したときに、真っ白なブラウスをパリッと着ている女性がいて、引き付けられました。こんな白の木綿の似合う女になりたいとも思いました。シンプルな白いシャツはストールやアクセサリーを足すことで、アレンジできるのもいいところです。

あるとき、知人からエルメスの小さな棒タイ型のスカーフをいただきました。しかし、うまくコーディネートできなくてどうしようかしらと、しばらく引き出しにしまっていたのです。

それを先日、スタイリストさんがよみがえらせてくれました。白シャツにくるんと一巻きして前に垂らし、その上にブルーストーンの四角いブローチをつけたのです。〝ああ〜、この手がある！〟と思いました。こんなふうに、スペシャリストのアイデアをいただいて、自分でもコーディネートを考えるのは極上の楽しみです。

ジュエリーボックスからブローチを出してきて、どれをつけると軽くなるか、重くなるか、しつこくなるか、素敵になるか、いろいろ合わせてみました。気がつくと夜中になっていました。

女は隠すほうが色気が出る

サングラスのおかげで着こなせる洋服は、意外とあるような気がします。本書で着たベージュのオールインワンは、少し気恥ずかしさがありました。しかし、サングラスをかけることで、スイッチが入ったのでしょう。平常心で楽しく着こなせました。

私の持論ですが、女というものは、少し隠すほうが色気が出るものだと思うのです。

おわら風の盆をご存じですか。『越中おわら節』の哀切に満ちた旋律に合わせ、昼夜通して踊るお祭りです。高橋治さんの小説『風の盆恋歌』の舞台になっていることから、高橋さんがお茶屋さんに踊り手を呼んで、目の前で見せていただく機会がありました。

踊り手たちが深くかぶる編笠姿は、得も言われぬ色気があります。笠の下の顔をのぞき見たい。そう思わせる魅惑的な何かが宿っていました。

サングラスや帽子にも、それと同様の効果があるのだと思います。目を、顔を、少しだけ隠すことでできる影。その人にミステリアスさが生まれる。その結果、いい女に見えるものなのです。

愛用のサングラスで
オールインワンを着こなす。

年相応じゃない洋服を着るべき

年相応の実年齢に合った洋服を着ると、歳以上に見えてしまう。

本書でドレッシーな洋服を着た写真を見て、〝84歳の人が着る服ね〟と、実感しました。年をとればとるほど、年齢に逆らったものを心意気で着るべきだと学びました。少し、ハズして遊んだほうがいいのです。

私たちの年齢になると、着物を着るとグンと老けてしまいます。不思議なもので、着物は特に、年齢が顔に如実に表れます。

そこで私は、わざと粋な着方をします。ふつうに硬く着ると、そのまんまおばあさんになってしまいますから。崩して演出することで見え方が変わるんですね。

洋服も同じ。年相応じゃない、ちょっと遊び心のある着方をするのがいい。チャレンジしたいと思う洋服を見つけて、新しい着こなしにトライして、鏡を見て〝着こなしたな〟と思えるときがいちばん楽しい。

30代で着た洋服を80代の今、着たときに、「あら、いいじゃない」って思われたら勝ちでしょ。

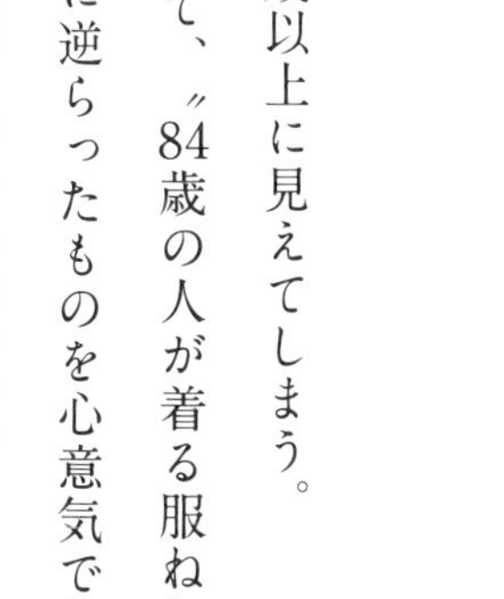

現在84歳の草笛さんの
若さの秘密はチャレンジ精神。

私の椅子はバランスボール

洋服を着るときは、姿勢を気にします。どうしても前かがみになってしまいますから。バランスの訓練のために、ときどきはヒールの靴を履いて歩くことも必要でしょう。

日常生活でも体幹を鍛えるために、食事をするときは椅子のかわりにバランスボールを使っています。10年来指導していただいている、トレーナーの指示で始めました。脚で押さえて座ると動かず、慣れると意外に楽なのです。物書きもできるようになりました。今では、自宅の1階から3階にすべて置いて、私の椅子はバランスボールです。

ほかにも、体にいいことは何でもできるだけするようにしています。朝、歩くと一日が気持ちいいのでウォーキングも大好き。

私なりのコツがあるのでお教えしましょうか。脚のつけ根を意識して、歩幅を広めにとるようにします。

股関節が鍛えられておすすめです。

ジュディ・デンチの秀逸フォーマル

２０１１年に、友人でもあるイギリスの名女優、ジュディ・デンチが高松宮殿下記念世界文化賞を受賞しました。その受賞パーティで彼女が着ていたフォーマルファッションに、目を見張りました。

真っ黒なドレスに、オリエンタルな模様の深みのあるいい赤のストール。それを片方の肩にふわっとかけただけのコーディネート。アクセサリーはほとんどつけず、赤いストールがとても効果的なアクセントになっていました。

ガチャガチャとポイントを散らさない。ひとつにまとめていてすっきりしているのが秀逸でした。欧米の女優は、フォーマルなおしゃれがとてもうまいと思います。

私が、ファッションの参考にするものは特にはありません。が、雑誌の撮影やトーク番組などの現場で、スタイリストのコーディネートテクニックからヒントをもらうことはあります。

ファッションショーにも目の保養で行ってみたいと思いますけれど、あういう場所の観客同士のファッションチェックがどうも苦手なのです。

母が好んだ派手なパジャマ

母は、いろんな色を躊躇なく着る人でした。年代にしては「宝塚の男役だったんですか？」と言われるほど背が高くて、外国の油絵のような大胆な柄やカラフルな色合わせの服も着こなしていました。私が黒やベージュばかり着ていると「光子ちゃん、もうちょっと派手なの着てよ」と、よく言っていました。

女優が人前に立つとき、怖気づくこともある。その気持ちを「派手な色の服が後押ししてくれる」と教えていたのかもしれません。

晩年、母は少しの間、老人ホームで暮らしておりました。そこで着るパジャマも派手なものを好んでいました。私が地味なもの選んで持っていくと、「光子ちゃん、もっと派手なのを買ってきてちょうだいよ」と言いました。母好みのパジャマを探しに、度々デパートに行ったことを懐かしく思い出します。

その母の名前が書いてあるパジャマはすべて引き取って、今は、私が愛用しています。着ていると母と一緒にいる気がして、ほっとあたたかくなります。

「光子ちゃん、おしゃれは寒いのよ」

2009年に亡くなるまで、私の仕事のマネージャーをしてくれていた母に、こんなことを言われたことがあります。私が「寒いから、こんなに脚を出すの嫌よね」と母にこぼしたら、「光子ちゃん、おしゃれは寒いのよ。おしゃれをしようってなったら、股引やタイツなんかはいたりするもんじゃないのよ」とピシャリ。

母はひと言でズバッと言う人でした。

母から教えられたことは多いと思います。私は子供の頃、真黒《しんくろ》と呼ばれていました。色が黒かったからです。おまけにそばかすまであったのですが、母の言うとおりイチジクの実の白いつゆをつけていたら、いつのまにかなくなりました。

母が洋裁店をしていたので、ジャケットを縫うのを手伝ったこともあります。母が裁断した生地をくっつけてミシンで縫うだけですが、難しいのは袖つけです。仕付けをしてアイロンで整えて、きれいな形になっているかよく見て。そういう意味では小さい頃から、洋服はとても身近なものだったと思います。

私が司会を務めていた音楽バラエティ番組『光子の窓』の衣装を、母が作ることもありました。毎週日曜日、午後6時半からの生放送。横浜から麹町の日本テレビまで、タクシーの中で衣装をかがりながら来ることもありました。ギリギリ間に合って肝を冷やすこともしばしばでした。

母に手作りしてもらっていたのは、当時テレビが白黒で、撮影に制約が多かったから。細かい柄ものはモアレを起こすので使ってはいけない。真っ白はハレーションを起こす、黒は沈みすぎてダメ。きれいに映るのはグレーだったので、衣装は全部グレーの生地で作りました。

歌とお芝居とダンスを立て続けにやらなければならなかった都合で、両方に対応できる服。歌ったり話をしているときは、すらっとしたロングスカートに見えて、ダンスに変わると、ダンッと脚が出せるように、深いスリットを入れたり。衣装に仕掛けを作ってくれました。限られた予算の中で、取り外しのできる造花をつけたり、ショールを持ったり。生放送ですから、瞬間的にアレンジして着られるように工夫もしました。何通りかに変わらなきゃならない。さまざまな役に何秒かで変わるという経験は、女優としてもいい勉強になりました。そして、工夫をする、ということが今の私の原点にもなっている気がします。

「私にとってファッションとは何か?」と聞かれると困りますが。そのたびに思い出すのが母の言葉、「光子ちゃん。一番きれいなのは、女の人の裸よ」。まだ、私が松竹歌劇団に通っている頃のこと。当時はピンときませんでしたが、「洋服が美しいのではなくて、中身が美しいことが大切」ということなのでしょう。

最愛の母と愛犬との家族写真。
「今も母に背中を押されます」

シワがあってこそ素敵でいい女

今CMでも話題になっているようですが、NY在住の86歳の現役モデル、カルメン・デロリフィチェさん。あの方は魅力的ですね。白い髪とシワが素敵で輝いています。外国人ですから骨格とスタイルが違いますし、私には真似ができません。

よく若い女優さんたちが「シワがなくて、お肌がきれい」だと言ってくださり、私の頬を触りに来ます。正直それはそんなに嬉しい褒め言葉ではありません。本当はシワやシミがあっても、それが素敵でいい女だと思われたい。たとえば、昨年89歳で亡くなったフランスの女優、ジャンヌ・モローのように。

日本人はシワやシミを忌み嫌う傾向があって、残念だと思います。シワを素敵に見せるのは、その人の責任。いい生き方が顔に出ている。そんな女性になりたいものです。

80代になってから、より好奇心が旺盛になりました。恥をかきたくないとか、ひるむ心は不思議となくなりました。流行の洋服だって、遊び心でどんどん着こなしたい。
最近、ひとつ大きな目標を立てました。それは、2020年の東京オリンピックの聖火ランナーになること(それまで生きていられたら、ですけれど)。
元気でいるために、日課のトレーニングも続けています。この歳で、タップダンスも始めて、舞台で披露する予定です。イキイキした心を持って、元気な明日を迎えるために。
服も人生も怖がらず、楽しんで生きていきたいと思っています。
これからのために。

EPILOGUE

私は元来、人生後ろを振り向かない、
前だけを見て歩きたい、と生きてきた人間です。
今回の撮影のためにクローゼットを探したら、
30年、50年と、着ていなかった洋服が出てきました。
すると、「昔この服を買った私って、どんな女だったかしら」と、
さまざまなことを思い出すことができました。
そういう機会を与えていただいたことに、心から感謝しています。
あのとき着ていた洋服を今着られないのは悔しい、
自分を乗り越えたいという気持ちで、
スタイリストさんと一緒にコーディネートを考えるのは
とても楽しい時間でしたし、いい勉強でした。
長い間忘れていて、今、戻ってきた私の洋服を、
この先「よ～し、着こなしてみよう」という、
気持ちになってきました。
何十年も手を通さなかった洋服も、きっと喜んでいると思います。

最愛のパートナー、
ラブラドールレトリーバーのマロくんと。

草笛光子
くさぶえ・みつこ

1933年生まれ。神奈川県出身。1950年松竹歌劇団に入団し、'53年映画『純粋革命』でデビュー。
主な映画出演作として、社長シリーズ、成瀬監督シリーズ、『それから』('85)、『犬神家の一族』('06)、
『沈まぬ太陽』('09)、『武士の家計簿』('10)などがある。舞台では、『ラ・マンチャの男』
『ジプシー』『光の彼方に Only One』『シカゴ』『私はシャーリー・ヴァレンタイン』
『wit(ウィット)』『6週間のダンスレッスン』『グレイ・ガーデンズ』『ロスト・イン・ヨンカーズ』などに出演。
ドラマでは、NHK朝ドラマ『どんど晴れ』大河ドラマ『真田丸』などでも好演。1999年に紫綬褒章、
2005年に旭日小綬章を受章。日本を代表する女優として、舞台、映画、テレビドラマで活躍。
2018年、主演映画『ばぁちゃんロード』が4月14日公開。主演舞台『6週間のダンスレッスン』が9月に再演される。

STAFF

カメラマン／天日恵美子

ファッションディレクター／清水けい子（SIGNO）

ヘア／尚司芳和（OFFICE SHOJI）

ヘア&メイク／佐藤裕子（studio AD）

ヘアアシスタント／門脇直也（OFFICE SHOJI）

デザイン／ないとうはなこ

校閲／滄流社

編集／井ノ口裕子

衣装協力／ユニクロ

撮影協力／ホテルニューグランド

取材協力／アデランス
https://www.aderans.co.jp/

協力／オスカープロモーション
草琇舎

Special thanks／AK

草笛光子のクローゼット

著者　草笛光子
編集人　石田由美
発行人　永田智之
発行所　株式会社 主婦と生活社
〒104-8357　東京都中央区京橋3-5-7

編集代表　☎03-3563-5361　FAX 03-3563-0528
販売代表　☎03-3563-5121
広告代表　☎03-3563-5131
生産代表　☎03-3563-5125
http://www.shufu.co.jp/

製版所　東京カラーフォト・プロセス株式会社
印刷所　大日本印刷株式会社
製本所　株式会社若林製本工場

ISBN 978-4-391-15134-3